SALUDABLE
MENTE

NATURELLEMENT JEUNE

Méthodes et conseils pour lutter contre le vieillissement

Contenu

Introduction

Chapitre 1: Des habitudes qui amélioreront votre apparence et vos sentiments

Chapitre 2: Votre régime alimentaire et le vieillissement

Chapitre 3: Aliments à éviter

Chapitre 4: Produits cosmétiques et remèdes naturels

Chapitre 5: Suppléments

Conclusion

NATURELLEMENT JEUNE: *Méthodes et conseils pour lutter contre le vieillissement*

Introduction

Tout le monde a entendu le vieil adage "l'âge n'est qu'un nombre" et pour de nombreux aspects de la vie, c'est encore vrai. N'oubliez pas que vous n'êtes pas plus vieux que vous ne le pensez. Pourtant, il est un peu difficile d'assimiler ce que nous voyons une fois que nous sommes devant le miroir, surtout si nous n'aimons pas ce que nous voyons. Gardez à l'esprit que cela exigera un certain sacrifice de votre part et que vous devez apprendre à accepter ce sacrifice et les changements qu'il entraînera.

Pendant de nombreuses années, de nombreux scientifiques, médecins et esthéticiens se sont efforcés de découvrir le secret pour paraître jeune à jamais. La vérité est qu'il est tout simplement impossible de rester jeune pour toujours.

Mais il y a des choses que nous pouvons faire pour ralentir le processus de vieillissement. Il n'est pas nécessaire de dépenser des milliers et des milliers de dollars pour des traitements coûteux ou des opérations chirurgicales risquées. Mais en suivant ces conseils, vous vous sentirez et paraîtrez jeune à nouveau grâce à des conseils de santé simples qui vous aideront à améliorer votre état de santé général.

J'espère que vous apprécierez la lecture de ce livre et nous espérons qu'il vous aidera à vous sentir mieux et à avoir meilleure mine!

Chapitre 1: Des habitudes qui amélioreront votre apparence et vos sentiments

Faire de l'exercice régulièrement

Croyez-le ou non, l'une des choses les plus importantes que nous puissions faire pour améliorer notre apparence et notre façon de paraître quand nous sommes un peu plus âgés est de faire de l'exercice. Une étude récente de l'American College of Sports Medicine a révélé que l'exercice physique est l'un des meilleurs moyens d'améliorer la mobilité au fur et à mesure que nous vieillissons. Quand je dis "exercice", je ne parle pas nécessairement d'une séance d'haltérophilie ou d'un semi-marathon. Des choses simples comme une marche rapide de 15 minutes ou un cours de yoga peuvent faire beaucoup de bien. En améliorant la mobilité, non seulement nous nous sentirons plus jeunes, mais nous nous améliorerons dans plusieurs aspects de notre vie qui mettent à l'épreuve le potentiel de notre corps.

Monter un escalier ou se pencher pour ramasser le journal sont des choses qui peuvent être un défi pour certaines personnes, mais tant que vous restez en forme, elles ne devraient pas devenir un problème avec le temps.

Dormir suffisamment

Si vous êtes comme la plupart des adultes, vous ne dormez probablement pas assez chaque jour pour vous remettre complètement d'une longue journée. Croyez-le ou non, il est possible que votre manque de sommeil adéquat vous fasse prendre du poids. Au lieu de se concentrer sur une bonne nuit de sommeil, nous nous concentrons sur l'énergie que nous tirons d'une tasse de café ou de friandises sucrées, ce qui finit par entraîner une prise de poids. Cela signifie aussi que, parce que vous êtes fatigué, vous n'avez probablement pas le temps de préparer un repas sain, donc vous allez sortir et manger un peu de fast food après le travail et finissez par manger un million de calories. Il s'agit d'un cercle vicieux qui conduit finalement à des niveaux d'activité plus faibles et à un apport calorique plus élevé. Il est naturel que notre cerveau réagisse au manque de sommeil en optant pour des aliments de confort, mais quel en est le résultat immédiat ? Oui, vous pouvez rester éveillé, mais à quel prix? Grosseur indésirable, humeur, fatigue, irritabilité et autres symptômes.

Ce n'est pas un secret que notre corps se guérit tout seul quand nous dormons. En permettant à notre corps d'atteindre un état de sommeil profond, nous lui donnons une chance de récupérer de tout ce que nous lui avons fait subir pendant la journée.

Lorsque nous dormons, nous permettons aux cellules de notre visage de produire du collagène, un tissu fibreux de notre corps qui est un ingrédient clé pour une peau ferme et d'apparence jeune. La quantité de sommeil recommandée pour un adulte varie entre 7,5 et 8 heures de sommeil continu. N'oubliez pas que la dette de sommeil est comme la dette de carte de crédit, si vous continuez à accumuler des dettes, vous finirez par faire faillite.

Pour avoir une bonne nuit de sommeil, il faut créer un environnement parfait qui favorise un sommeil sain. Une des premières choses que je recommande est de se débarrasser de la télévision dans votre chambre, vous devez vous détendre avant d'aller au lit et en regardant la télévision dans notre lit, nous laissons notre cerveau s'exciter jusqu'à ce qu'il tombe.

Débarrassez-vous aussi du smartphone. Vous pouvez faire de la lecture à la lumière sous une veilleuse, mais c'est tout.

Ne mangez pas non plus de repas lourds ou de boissons caféinées avant de vous coucher, car cela entraînerait des heures supplémentaires pour votre système digestif et pourrait nuire à votre sommeil.

Arrêter de fumer

Fumer est sans aucun doute l'une des pires habitudes que vous puissiez acquérir, surtout si vous essayez de rester jeune. Il a été démontré que le fait de fumer des cigarettes accélère le processus de vieillissement de nos cellules, et il a été démontré que le processus de vieillissement s'accélère chez les personnes âgées de 20 ans seulement. Les cigarettes contiennent plus de 5000 ingrédients qui, lorsqu'ils sont fumés, se transforment en composés chimiques désagréables qui peuvent affecter la composition de la peau, ainsi que les dents, les doigts, les poumons, la bouche, la langue, les yeux et le système immunitaire. Le tabagisme affecte également la peau du visage, en réduisant la quantité de sang que la peau reçoit, ce qui peut entraîner des rides et des taches sur la peau.

Arrêter de fumer peut être l'une des choses les plus difficiles à faire. Heureusement, il existe de nombreuses alternatives pour les personnes qui tentent d'arrêter de fumer. Mais si l'une de vos priorités est de rester jeune, arrêter de fumer vous donnera des résultats presque immédiats et je vous garantis que vous commencerez à vous sentir mieux presque immédiatement.

Protégez-vous du soleil

Vous savez peut-être déjà à quel point les rayons UV sont dangereux pour votre peau, mais une étude récente a conclu, grâce à la micro-topographie, que les personnes qui ne portent pas d'écran solaire ou de lunettes de soleil présentaient des dommages au niveau de la peau profonde, des fibres élastiques et du collagène. Et les patients qui ont utilisé un écran solaire ont montré jusqu'à 24% de dommages en moins sur leur peau.

En exposant notre peau aux rayons UV constants du soleil, nous endommageons prématurément notre peau et ralentissons le processus de régénération qui se déroule dans nos cellules cutanées. De plus, le rayonnement UV constant a été scientifiquement lié à des conditions terribles telles que le cancer de la peau, le mélanome, le vieillissement prématuré et d'autres dommages cutanés.

Cela n'est pas propre au visage, mais la peau de nos avant-bras, mains, cou et épaules peut facilement être affectée par une exposition prolongée aux rayons UV.

Éviter le stress

Les situations de stress et l'anxiété générale ont un effet très stressant sur votre corps. L'épuisement professionnel associé à un niveau de stress élevé affecte l'ADN des cellules de la peau en raccourcissant les télomères, ce qui endommage les cellules, voire les fait mourir.

De plus, l'idée même d'être stressé peut augmenter le risque de troubles liés à l'âge, entraînant une surcharge du cerveau. Une étude récente a montré qu'une charge de stress accrue pouvait entraîner des symptômes liés à l'âge dans le cerveau humain.

Il est très important que nous apprenions à gérer les situations de stress et d'anxiété en nous calmant et en nous adaptant à ces situations. Les experts recommandent de s'autoriser des périodes de méditation et de relaxation profondes. Identifier les sources de stress dans votre vie peut également contribuer à améliorer votre santé mentale globale. Examinez vos habitudes et vos attitudes et acceptez la responsabilité de vos actes.

Si le stress devient insupportable, il peut être judicieux de demander une aide professionnelle. Si tout le reste échoue, pensez à prendre un jour de congé, cela aide parfois beaucoup à gérer le stress, mais ne passez pas toute la journée au lit à penser à l'horreur du lendemain, planifiez votre journée à l'avance, assurez-vous de manger un repas sain et satisfaisant et de faire de l'exercice léger comme une marche rapide, une promenade à vélo ou une baignade.

Peut-être même emmener le chien en promenade! Le plan ici est de faire une pause dans les nombreuses choses que nous devons faire chaque jour. En "réajustant" notre corps et notre esprit, nous pouvons facilement surmonter les effets du stress.

Chapitre 2: Votre régime alimentaire et le vieillissement

Bien qu'avoir de bonnes habitudes saines soit un excellent moyen de rester jeune, il est également important de se rappeler qu'une bonne alimentation est bonne pour vous. Du cerveau aux os, ce que nous mangeons finit par jouer un rôle important dans notre façon de vieillir. En mangeant les bons aliments, nous pouvons rendre notre corps et notre esprit plus sains et plus performants, en évitant les blessures et la mauvaise apparence de la peau. Voici une liste d'aliments recommandés pour ralentir le processus de vieillissement de notre corps

Fruits et légumes

Une des pierres angulaires de notre alimentation et que nous négligeons souvent. Les fruits et légumes colorés sont pleins d'antioxydants. Je suis sûr que vous avez déjà entendu ce terme, mais que sont exactement les antioxydants ? Les antioxydants sont des composés chimiques présents dans les aliments et les suppléments qui sont capables de ralentir les effets normaux de l'oxydation sur les tissus. Nous devons nous rappeler que ce processus, même s'il endommage la peau et d'autres tissus, est tout à fait normal. Il n'y a aucun moyen de l'arrêter, mais nous pouvons le ralentir en consommant des aliments tels que des fruits et des légumes.

En consommant des aliments riches en vitamine C, en zinc et en bêta-carotène, nous pouvons préserver notre vision en prévenant la dégénérescence des yeux, l'une des principales causes de cécité chez les personnes âgées.

Les légumes à feuilles tels que les épinards et le chou frisé et d'autres produits colorés comme le maïs, les oranges et le melon regorgent de ces trois antioxydants essentiels.

Si vous êtes un amateur de vin, vous serez également heureux d'apprendre qu'un antioxydant courant présent dans les raisins rouges comme le vin, appelé resvératrol, est un fantastique antioxydant qui protège l'organisme contre les dommages liés au cancer et au cœur, en réduisant l'inflammation et en empêchant l'oxydation du cholestérol. En bref, si vous voulez prendre un verre de vin rouge de temps en temps, faites-le.

Poissons

Le poisson est absolument plein d'acides gras oméga-3 qui offrent de fantastiques bienfaits anti-âge. Les oméga-3 sont non seulement essentiels pour notre corps, mais ils l'aident aussi à réduire les taux de cholestérol élevés, ce qui nous expose à un risque de maladie cardiaque. Les acides oméga-3 en particulier (EPA et DHA) peuvent également contribuer à améliorer la condition des articulations et à soulager les raideurs articulaires, ce qui vous fera certainement vous sentir à nouveau jeune.

Enfin, certains oméga-3 peuvent aider à élever modérément votre humeur et interagir avec certains antidépresseurs pour en renforcer les effets. Normalement, il est toujours bon d'essayer d'obtenir vos Oméga-3 à partir de sources alimentaires naturelles, les compléments sont bien aussi, mais le taux d'absorption est nettement plus élevé lorsqu'ils sont obtenus à partir de sources naturelles. Parmi les variétés de poissons qui contiennent des taux élevés d'acides gras oméga-3, on trouve les anchois, le hareng, le maquereau, le saumon (essayez d'obtenir des poissons sauvages si possible), le thon et la truite.

Produits laitiers

J'ai remarqué un récent fil conducteur dans le domaine de la santé alimentaire où les produits laitiers sont diabolisés pour leur taux élevé de matières grasses, d'hormones et pour l'effet qu'ils ont sur le système digestif de certaines personnes.

Je ne sais pas pourquoi cette guerre des produits laitiers a gagné autant de popularité, mais je suis très inquiet car la plupart des produits laitiers sont fantastiques. Le calcium et la vitamine D que l'on trouve dans le lait, le fromage et le yaourt jouent un rôle essentiel dans la solidité de nos os et la prévention de l'ostéoporose.

Le choix de produits laitiers à faible teneur en matière grasse contribuera également à maintenir un faible taux de cholestérol, réduisant ainsi les risques de maladies cardiaques, d'accidents vasculaires cérébraux et autres. Si vous avez une intolérance légitime au lactose (un autre terme que je vois largement utilisé), vous pouvez essayer de trouver des produits laitiers sans lactose mais enrichis en calcium et en vitamine D.

Noix

Tous les types de noix (tant qu'elles ne sont pas salées) ont des effets anti-âge incroyables. Les noix, les amandes, les noix de cajou et les noix de pécan sont excellentes, qu'elles soient consommées seules ou ajoutées à d'autres aliments de cette liste, comme les salades ou les yaourts.

Les noix ont un taux élevé d'acides oméga-3 et sont riches en graisses monoinsaturées (une des "bonnes" graisses) qui aident à améliorer l'état du cœur.

Globalement, une portion de 10 à 15 noix non salées par jour vous procurera d'excellents bienfaits pour la santé sans ajouter une quantité importante de calories à votre apport calorique.

Thé

Le thé est généralement plein d'antioxydants, mais si vous voulez vraiment en faire plus, buvez du thé vert ou noir. Les thés verts et noirs contiennent dix fois plus d'antioxydants que les fruits et légumes.

Le thé vert et le thé noir proviennent de la même plante. Camellia Sinesis, qui est riche en polyphénols, un antioxydant qui aide à détoxifier les cellules de notre peau et d'autres tissus. Cette plante possède également de nombreuses épicatéchines et catéchines. Deux des plus importants antioxydants pour l'organisme car ils aident à réduire les toxines liées à l'athérosclérose et au cancer.

Baies

Les baies sont bien connues pour leurs propriétés anti-âge car elles contiennent des flavonoïdes, de puissants antioxydants qui protègent l'organisme contre les radicaux libres et le vieillissement.

L'avantage des baies, c'est qu'il existe de nombreuses façons de les manger, en les mélangeant à du yaourt ou à des céréales, en les congelant et en les mélangeant à de savoureux milk-shakes, ou en les mangeant seules, sèches ou fraîches. Les baies sont également disponibles toute l'année et sont assez bon marché. Envisagez de les acheter en gros et de les congeler si nécessaire.

Des études montrent qu'une tasse de baies mélangées par jour fournit tous les antioxydants dont vous avez besoin en une seule journée. Cependant, je vous recommande de vous procurer vos antioxydants à partir de différentes sources alimentaires et de suppléments, car il peut être plus facile pour votre corps de les absorber.

Chapitre 3: Aliments à éviter

Croyez-le ou non, il est tout à fait possible que votre régime alimentaire vous fasse vieillir ou vous empêche de faire des efforts pour lutter contre le vieillissement. Ce que vous mettez dans votre assiette déterminera en fin de compte la rapidité avec laquelle vous vieillissez et la rapidité avec laquelle ces symptômes du vieillissement se manifestent dans votre corps. En consommant des aliments de mauvaise qualité comme les sucres raffinés et les glucides simples, vous finirez par endommager le collagène de votre peau, ce qui vous donnera un air fatigué et vieux avec le temps.

Il a également été démontré que les aliments tels que les acides gras trans provoquent des inflammations et de la constipation, qui affecteront la santé de vos systèmes digestif, nerveux et circulatoire en emprisonnant les toxines dans votre tractus gastro-intestinal, vos reins et votre sang.

Il peut également être judicieux de limiter la quantité d'aliments frits ou panés que vous consommez. Tout ce qui a été frit provoque une inflammation dans tout votre corps.

Faites particulièrement attention aux aliments riches en graisses trans, car ils augmentent le taux de cholestérol et réduisent le bon cholestérol.

Comme toujours, assurez-vous de vérifier les étiquettes de vos aliments pour voir s'il y a des signes d'avertissement. Si vous n'êtes pas totalement convaincu, il peut être judicieux de vous abstenir.

Chapitre 4: Produits cosmétiques et remèdes naturels

L'un des avantages de vivre à l'époque moderne est le grand nombre de produits de beauté auxquels nous avons accès. Des hydratants aux exfoliants, en passant par les nettoyants en profondeur, les crèmes de nuit... Mais avons-nous vraiment besoin de tous ces produits? Quels sont certains des produits naturels qui peuvent être fabriqués à domicile à bas prix? Quel type de crème vous convient le mieux? Les hydratants et les crèmes de nuit qui coûtent des centaines et des centaines de dollars et qui sont emballés dans des emballages luxueux sont très bien, ne vous méprenez pas, mais pourquoi dépenser autant d'argent pour un produit qui peut être facilement remplacé? Les hydratants font la même chose, ils ne font que sceller l'humidité de votre peau. Mais voyons ce que font ces produits et comment ils peuvent être facilement remplacés.

Nettoyants

Le but premier des nettoyants est de nettoyer la peau. La plupart des nettoyants ont une durée d'action de 10 secondes ou moins, et la plupart des dermatologues s'accordent à dire qu'un produit qui reste sur votre visage pendant 10 secondes seulement n'est pas vraiment efficace pour votre peau. Oui, vous pouvez dépenser beaucoup d'argent pour un nettoyant fabriqué en France et il fera certainement très bien son travail. Mais si vous demandez à un dermatologue, il vous dira qu'il n'utilise qu'un nettoyant de base à 5 dollars que vous pouvez vous procurer à la pharmacie de votre quartier. En éliminant la saleté, l'huile, le maquillage et d'autres toxines de votre peau, vous pouvez améliorer la santé générale de votre peau et vous assurer que les bactéries et autres particules nocives sont tenues à l'écart.

Comme les nettoyants pour le visage nettoient beaucoup mieux la peau en profondeur qu'un pain de savon ordinaire, il est essentiel de conserver un nettoyant pour le visage dans vos produits de beauté. N'oubliez pas de vous laver les mains avant d'appliquer le nettoyant, puis d'éclabousser votre visage avec de l'eau chaude. Mettez du nettoyant sur vos mains et frottez votre visage jusqu'au cou. Rincez votre peau à l'eau froide et séchez votre visage avec une serviette ou un chiffon propre.

Hydratants

Comme indiqué précédemment, le rôle des hydratants est de maintenir la peau hydratée en scellant l'humidité. Les crèmes hydratantes sont généralement fabriquées à partir d'une combinaison d'huiles, de crèmes et d'extraits de plantes et peuvent être utilisées sur le visage et le corps. Les crèmes hydratantes sont souvent enrichies de vitamines et d'autres nutriments. Une fois qu'un hydratant est appliqué sur la peau, il est instantanément absorbé et commence son travail de reconstitution de l'hydratation de la peau, des vitamines et des minéraux pour garder la peau élastique, lisse et sans rides. Il est très important que vous choisissiez le bon hydratant pour votre peau, qu'elle soit sèche ou grasse, et n'oubliez pas de choisir un hydratant plus épais pour l'hiver si vous vivez dans une région où il fait froid. Le meilleur moment de la journée pour appliquer une crème hydratante sur votre visage est juste après votre douche, généralement dans les 5 minutes qui suivent l'activation de l'eau, car nous voulons attirer autant d'humidité que possible. N'oubliez pas d'utiliser un toucher doux et de ne pas tirer sur votre peau.

Appliquez la crème hydratante sur votre visage au moins deux fois par jour; le matin et le soir. Un dernier conseil: les personnes qui souffrent de problèmes de peau tels que des éruptions ou de l'acné voudront généralement renoncer à la crème hydratante parce qu'elles pensent que l'ajout d'un produit gras à leur peau aggravera leur état.

C'est on ne peut plus faux: une peau endommagée a besoin d'autant d'humidité qu'elle peut en recevoir, et en utilisant un hydratant, nous offrons un environnement sain à la peau qui accélérera le processus de guérison.

Crème pour le cou

Notre cou est l'un des endroits du corps les plus susceptibles de se rider. Que ce soit à cause de l'exposition constante aux éléments, de l'étirement ou du manque de collagène, notre cou a tendance à devenir une zone à problèmes.

En choisissant une bonne crème pour le cou, en fonction de votre type de peau, nous pouvons nous assurer que notre cou reste sans rides. N'oubliez pas d'appliquer la crème de nuit après le gommage sur le haut du torse, en éliminant la couche de peau morte qui permettra aux principes actifs de la crème d'être absorbés plus rapidement par la peau. Si possible, recherchez une crème pour le cou contenant du rétinol, une forme animale de vitamine A, essentielle à la santé de la peau. Les peptides sont un autre ingrédient à prendre en compte, car ils aident à la production de collagène dans notre système et améliorent l'élasticité de la peau de notre cou, de notre poitrine et de notre visage.

Enfin, les crèmes à la niacine, sont capables de pénétrer la barrière cutanée et de renforcer la peau, la rendant plus souple et moins sujette aux rides avec le temps.

Il a été démontré que les crèmes pour le cou contenant ces ingrédients améliorent considérablement non seulement la texture, mais aussi le tonus et la fermeté du cou et des zones environnantes.

Crème solaire

La crème solaire est le seul produit qui empêchera votre peau de vieillir naturellement. Lorsque vous choisissez une marque de protection solaire, tenez compte de toutes les options disponibles. La protection solaire protège-t-elle contre les rayons UV? Résiste-t-elle à la sueur et à l'eau? Est-elle parfumée? Est-elle crayeuse ou huileuse? Choisissez un écran solaire avec lequel vous êtes à l'aise et assurez-vous qu'il a un FPS d'au moins 50. Mettez-le au moins 20 minutes avant de sortir et assurez-vous que votre peau est sèche et propre avant de le mettre. Si vous savez à l'avance que vous passerez beaucoup de temps au soleil, envisagez de porter un chapeau et essayez de rester à l'ombre autant que possible en glissant au soleil. N'oubliez pas que le meilleur écran solaire est celui qui vous convient, trouvez une texture qui vous plaît et n'oubliez pas d'appliquer l'écran solaire sur toutes les parties de votre corps qui seront exposées au soleil direct; vos oreilles, votre cou, vos épaules, vos mains, vos bras et vos jambes peuvent facilement attraper un coup de soleil et nous avons tendance à ignorer ces parties de notre corps parce que nous nous concentrons trop sur le visage.

Exfoliants

L'exfoliation de votre peau est l'une des meilleures choses que vous puissiez faire pour avoir l'air jeune pendant longtemps. Nos cellules de peau vont naturellement perdre des millions et des millions de cellules de peau chaque jour. Lorsque cette perte naturelle ralentit ou s'arrête en raison de dommages causés par la sécheresse de la peau, le soleil ou d'autres conditions, notre peau aura tendance à paraître sèche et squameuse avec des taches et des défauts.

En utilisant un exfoliant, nous pouvons aider notre peau à se rajeunir plus rapidement car une fois débarrassée des couches de peau morte, notre peau aura immédiatement un aspect lumineux et plein de vie tout en améliorant sa flexibilité à long terme. Je recommande normalement de ne pas exfolier plus d'une fois par jour, juste avant de se coucher, car c'est à ce moment que notre visage accumule le plus de cellules de peau morte.

Vous pouvez commencer par vous asperger le visage avec de l'eau froide et frotter lentement l'exfoliant sur tout le visage, les mains et le cou. Laissez reposer sur votre peau pendant au moins 2 ou 3 minutes et rincez à l'eau froide. Séchez votre visage avec une serviette propre et lorsque vous avez terminé, vous pouvez continuer à appliquer tout autre produit que vous souhaitez, comme un fond de teint, une crème de nuit ou un écran solaire.

Chapitre 5: Suppléments

En ces temps modernes, il peut être très difficile d'obtenir tous les nutriments de nos aliments. Nous vivons à une époque où bien manger est devenu une corvée et où nous avons été poussés par le confort d'une mauvaise alimentation.

Bien qu'il soit toujours bon d'obtenir des nutriments directement de la nourriture, je me rends compte que ce n'est pas toujours possible, et c'est là qu'interviennent les compléments.

Les compléments alimentaires nous aideront à absorber tous les nutriments dont notre corps a besoin pour paraître et se sentir jeune, et bien qu'ils ne soient pas nécessaires, ils sont toujours d'un grand secours lorsqu'il s'agit de rester jeune.

Calcium

Le calcium est un minéral présent dans plusieurs aliments tels que les produits laitiers. Il travaille avec la vitamine D pour fournir les nutriments nécessaires à la création d'un environnement sain pour la combustion des graisses.

Le calcium est normalement stocké dans les cellules adipeuses et des études récentes ont montré que plus une cellule adipeuse contient de calcium, plus elle brûle de graisse à long terme. Le calcium contribue également à réduire le taux d'absorption des graisses dans le tractus gastro-intestinal, en réduisant la quantité de graisse excédentaire que le corps stocke à partir des aliments gras.

Extrait de glucomannane

L'extrait de glucomannane est obtenu à partir d'une plante d'Asie du Sud appelée konjac, qui a une forte teneur en fibres et est considérée comme très efficace pour le contrôle du diabète et du glucose, mais qui offre également des propriétés amaigrissantes.

Cette plante est une source alimentaire importante pour les Asiatiques depuis de nombreuses années. Sa teneur élevée en fibres aide à absorber l'eau dans le tractus gastro-intestinal, réduisant l'absorption des glucides complexes et du cholestérol, et elle est utilisée depuis de nombreuses années comme remède populaire contre l'obésité.

B-Complexe

En obtenant une vitamine du complexe B, vous obtenez toute la gamme des vitamines B, y compris les vitamines B1, B2, B3, B5, B6, B7, B9 et B12. Gardez à l'esprit qu'à moins d'avoir une carence importante en vitamines B, vous devez limiter la quantité de compléments B que vous prenez.

La plus importante de ces substances est de loin la B12, qui contribue à augmenter les niveaux d'énergie et le taux de métabolisme dans votre corps, ce qui aide à la perte de poids et à l'absorption des graisses.

Coenzyme Q10

Sans aucun doute, l'un des meilleurs compléments que vous pouvez obtenir pour l'anti-âge. Normalement, notre corps produit ce coenzyme naturellement. Le Q10 aide notre corps à produire de l'ATP ou adénosine triphosphate, qui est le carburant qui aide nos cellules à fonctionner. Cependant, en vieillissant, notre corps produit de moins en moins de cette coenzyme, ce qui entraîne certaines maladies comme la maladie de Parkinson, le cancer et les maladies cardiaques.

Une étude récente a montré que la prise de Q10 comme supplément réduit le risque de maladie cardiaque et favorise l'absorption d'antioxydants dans le sang. Il a également été démontré que la Q10 permet de maintenir un faible niveau de sucre dans notre corps, ainsi que de cholestérol.

Si vous décidez de prendre le complément, n'oubliez pas qu'il se présente sous différentes formes, des gélules aux comprimés. Je recommande de les prendre sous forme de gel si possible, car notre corps les absorbe plus rapidement que les gélules.

Aspirine

Croyez-le ou non, l'un des meilleurs compléments que vous puissiez prendre pour ralentir les effets du temps pourrait se trouver dans votre salle de bain! Non seulement l'aspirine élimine les maux de tête, mais elle est également excellente pour soulager les douleurs légères et augmenter la circulation sanguine, ce qui est l'une des meilleures choses qu'elle puisse faire pour améliorer votre état de santé général, car elle réparera les cellules, améliorera la circulation, améliorera les fonctions des reins et du foie, et réduira le risque de maladie cardiaque et de cancer du côlon en retardant le développement des polypes et d'autres toxines. Cependant, n'en faites pas trop avec l'aspirine, car des doses plus élevées ont été associées à des douleurs abdominales et à la diarrhée.

Carnitine

La carnitine est un nutriment naturel produit dans le foie et est responsable de la conversion des réserves de graisse en énergie. Il a également été démontré que la carnitine réduit les symptômes de l'angine en augmentant la circulation générale et en réduisant les douleurs articulaires. Il a également été démontré que la carnitine réduit le risque de maladie d'Alzheimer et améliore la mémoire à long terme, tout en favorisant le développement d'autres troubles mentaux tels que la démence ou la dépression. Les hommes seront également heureux d'apprendre que la carnitine augmente le nombre de spermatozoïdes et a été associée à une augmentation du taux de testostérone. Je recommande de prendre au moins 1 gramme de carnitine par jour et jusqu'à 3 grammes pour les patients souffrant d'une mauvaise circulation.

Hormone de croissance humaine

C'est une question sensible car la plupart des gens associent l'hormone de croissance humaine (HGH) aux culturistes ou aux athlètes professionnels. Tout d'abord, l'HGH est produite naturellement dans le corps par l'hypophyse, et bien qu'elle soit vitale au début du développement, l'HGH peut grandement nous aider à diminuer le temps passé dans notre corps et à inverser les effets du vieillissement.

L'HGH synthétique est disponible depuis le milieu des années 80 et bien qu'aucune étude officielle n'ait prouvé les effets de l'HGH, cette hormone est toujours utilisée par des milliers de personnes pour guérir plus rapidement, favoriser la croissance de la densité osseuse et augmenter le taux de testostérone. J'encourage tous ceux qui envisagent de suivre un traitement à l'hormone de croissance à consulter leur médecin avant de prendre une décision radicale.

Conclusion

Le vieillissement est une réalité de la vie, que cela nous plaise ou non, notre corps finira par vieillir et se décomposer. Ce que nous pouvons faire, c'est atténuer les effets du temps sur notre corps en suivant quelques conseils simples qui nous aideront à améliorer notre apparence et nos sensations.

N'oubliez pas que si nous mangeons bien, faisons de l'exercice et changeons un peu nos habitudes, nous pouvons améliorer considérablement notre qualité de vie et la façon dont nous nous sentons.

Bien sûr, il est possible de rester jeune plus longtemps en utilisant des produits coûteux et en se faisant opérer de façon risquée. Mais pourquoi devrions-nous le laisser arriver à ce point alors que tout ce dont nous avons besoin est à notre portée? En améliorant naturellement les conditions de notre corps, nous ne faisons pas que prolonger sa durée de vie, mais nous prenons également le contrôle de la façon dont le temps et l'environnement nous affecteront.

Les médias, la pression des pairs et d'autres facteurs ont changé notre perception de nous-mêmes, et si nous voulons nous conformer à ces normes tout en restant en bonne santé, nous devons adopter des habitudes qui améliorent notre apparence et notre sentiment.

Il est étonnant de penser que vers la fin du siècle dernier, l'espérance de vie était inférieure à 50 ans pour la plupart des nations du premier monde et il est étonnant de voir à quel point la vie a changé depuis une centaine d'années alors que l'espérance de vie approche le milieu des années 70.

Cela prouve non seulement que la science de la lutte contre le vieillissement fonctionne, mais aussi que les conditions dans lesquelles nous vivons ont une incidence sur le moment et la qualité de la vie.

Enfin, à titre de conseil, je voudrais ajouter un mot sur la motivation. Ne soyez pas frustré par les effets naturels du temps, rappelez-vous qu'il y a toujours quelque chose que nous pouvons faire pour améliorer les choses et si les conseils de ce livre ne vous donnent pas les résultats que vous recherchiez, alors n'hésitez pas à essayer autre chose. Je suis toutefois convaincu que si vous suivez attentivement les conseils et apprenez à prendre soin de vous, vous verrez des résultats en peu de temps.

Bonne vie!

www.ingramcontent.com/pod-product-compliance
Lightning Source LLC
Chambersburg PA
CBHW051359150726
48000CB00003B/1256